하루 두 장 맞춤법 완전 정복 홈

“마법의 맞춤법 띄어쓰기”

4 숫자 낱말과 의태어・의성어 완전 정복

생각디딤돌 창작교실 엮음
동리문학원 감수
문학나무 편집위원회 감수

생각디딤돌

차례

숫자 셀 때 쓰는 낱말

알아 두면 좋은 의태어

알아 두면 좋은 의성어

3

낱말을 분명히 맞게 쓴 것
같은데 왜 틀렸지?
《숫자 낱말과 의태어 · 의성어 완전 정복》으로
국어 왕이 되겠어!

하루 2장의 기적!
숫자 낱말과 의태어 · 의성어
완전 정복하고 국어 왕 되기!

숫자 낱말과 의태어 · 의성어 완전 정복하기!

언어를 빠르고 편하게 배우고 익힐 수 있는 방법은 아빠, 또는 엄마한테 배우는 것입니다. 아기는 아빠나 엄마 등 가족의 말을 반복해서 듣고 자라면서 자연스럽게 언어를 배우고 익힙니다. 그런 것처럼 초등 한글 맞춤법도 틀리기 쉬운 낱말을 반복해서 배우고 익히다 보면 자연스럽게 내 것이 됩니다.
동화책이나 다른 여러 책을 읽을 때는 재미 위주로 읽기 때문에 낱말을 정확히 기억하기 어렵습니다. 하지만《숫자 낱말과 의태어 · 의성어 완전 정복》은 틀린 줄도 모른 채 넘어갈 수 있는 단어들을 정확하게 머릿속에 입력할 수 있도록 꾸몄습니다. 아기가 엄마가 하는 말을 반복해 들으면서 완전하게 따라 하듯이 말이죠.

모든 교과 학습의 시작인 글자 바로 쓰기!

누군가 읽기도 어렵고 함부로 휘갈겨 쓴 손글씨를 보여 준다면 썩 기분 좋은 일은 못 될 것입니다. 반대로 바른 글씨체로 또박또박 쓴 손글씨를 읽는다면 그 글씨를 쓴 사람에 대해서도 높은 점수를 줄 것입니다.
스마트폰이 보급되고 멀티미디어 교육 환경이 갖추어지면서 글씨를 쓰는 일이 많이 줄어들고, 컴퓨터 키보드나 스마트폰 터치를 통한 타이핑이 더 익숙해졌습니다. 하지만 바른 글씨는 실제로 학습에도 영향을 미친다는 것을 잊지 말아야 합니다.《숫자 낱말과 의태어 · 의성어 완전 정복》에는 안내 선이 표시되어 있어 안내 선을 따라 글씨를 쓰다 보면 바른 글쓰기 훈련을 할 수 있습니다.

미래의 경쟁력인 글쓰기!

미국 하버드 대학이 신입생 대상 글쓰기 프로그램을 의무화한 것은 1872년입니다. 자그마치 거의 150년 전입니다. 자기 분야에서 진정한 프로가 되려면 글쓰기 능력을 길러야 한다는 것이 목적이었습니다. 우리나라는 어떨까요? 서울대는 2017년 6월에야 '글쓰기 지원센터'를 설립했습니다.
어느 분야로 진출하든 글쓰기는 미래 경쟁력입니다. 《숫자 낱말과 의태어 · 의성어 완전 정복》은 짧은 글이라도 매일 써 보는 훈련을 할 수 있도록 꾸몄습니다. 따라 쓰기를 하다 보면 내 글이 자연스럽게 나오기 때문입니다.

짧은 글이라도 매일 써 보는 훈련의 필요성!

어린이들이 글쓰기를 즐기게 하려면 제일 먼저 해야 할 일이 '원고지 만만하게 보기'입니다. 어떤 글이든 빨간 펜으로 잘못된 곳을 일일이 교정해 주기보다는 칭찬을 먼저 해 준다면 '원고지 만만하게 보기'는 아주 쉽게 해결될 것입니다. 《숫자 낱말과 의태어 · 의성어 완전 정복》 교재를 통해 우리 어린이들이 글쓰기를 두려워하기보다는 '쉽고 만만한' 재미있는 놀이로 여길 수 있기를 기대해 봅니다.

숫자를 셀 때
쓰는 낱말

어떤 것을 셀 때 쓰는 낱말은 모두 똑같지 않아요. 하나씩 떨어진 물건을 셀 때는 '사과 한 개 / 배 두 개 / 장난감 한 개' 등으로 세지만 동물을 셀 때는 '호랑이 한 마리 / 여우 세 마리 / 고양이 두 마리' 등으로 세어요. 나무를 셀 때에는 '한 그루 / 두 그루 / 세 그루' 등으로 셉니다.
이런 낱말을 알아 두면 말하거나 글을 쓸 때 더욱 정확하고 재미있는 표현을 쓸 수 있어요.

겹

'종이 두 겹 / 옷감 한 겹' 등 포개져 있는 얇은 물건을 셀 때 씁니다.

종이 두 겹을 합쳐서 풀을 붙였더니 한 겹보다 훨씬 튼튼했어요.

따라서 써 볼까요?

내 옷은 두 겹이라서 ∨

내 옷은 두 겹이라서

따뜻해요.

따뜻해요.

아래 칸에 바르게 써 볼까요?

커튼이 두 겹으로 되어 있어요.

문장에 맞게 띄어쓰기를 해 볼까요?

세겹으로포장한선물

정답 : 세 겹으로 포장한 선물

권

'책 한 권 / 일기장 한 권' 등 책이나 공책 등을 셀 때 씁니다.

책 한 권을 다 읽을 때마다 부자가 된 기분이에요.
책 한 권의 내용이 몽땅 내 것이 되었으니까요.

따라서 써 볼까요?

그 동안 쓴 일기장이

그 동안 쓴 일기장이

다섯 권이나 됩니다.

다섯 권이나 됩니다.

아래 칸에 바르게 써 볼까요?

동화책 두 권을 읽었어요.

문장에 맞게 띄어쓰기를 해 볼까요?

만화책이세권있어요.

정답 : 만화책이 세 권 있어요.

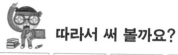

그루

'소나무 한 그루 / 은행나무 두 그루' 등으로 나무를 셀 때 씁니다.

어제 감나무 한 그루를 더 심었으니까 우리 마당의 나무는 모두 열 그루예요.

속담 : 대나무 그루에선 대나무가 난다. ▶뿌린 대로 거둔다는 뜻.

따라서 써 볼까요?

단	감	나	무	가		두		그	루	
단	감	나	무	가		두		그	루	
있	어	요	.							
있	어	요	.							

아래 칸에 바르게 써 볼까요?

동백나무 한 그루를 심었어요.

문장에 맞게 띄어쓰기를 해 볼까요?

나무한그루를샀어요.

정답 : 나무 한 그루를 샀어요.

그릇

'밥 한 그릇 / 국 한 그릇' 등으로 그릇에 담긴 음식의 분량을 셀 때 씁니다.

우동 한 그릇을 맛있게 먹었어요. 그리고 짜장면 한 그릇을 더 먹었어요.

속담 : 귀한 그릇이 쉽게 깨진다. ▶물건이 좋고 값진 것일수록 빨리 망가진다는 말.

따라서 써 볼까요?

동생이 자장면 두 그

동생이 자장면 두 그

릇을 먹었어요.

릇을 먹었어요.

아래 칸에 바르게 써 볼까요?

밥 한 그릇을 다 먹었어요.

문장에 맞게 띄어쓰기를 해 볼까요?

밥두그릇국한그릇

정답 : 밥 두 그릇 국 한 그릇

다발

'꽃 한 다발 / 채소 한 다발'처럼 꽃, 채소, 돈 등의 묶음을 셀 때 씁니다.

엄마 생일 선물로 야생화 한 다발을 준비했어요.
"장미꽃 한 다발보다 백 배는 더 좋다." 엄마가 그렇게 말했어요.

따라서 써 볼까요?

장	미	꽃		한		다	발	을		받
장	미	꽃		한		다	발	을		받
았	어	요	.							
았	어	요	.							

아래 칸에 바르게 써 볼까요?

시금치 두 다발을 샀어요.

문장에 맞게 띄어쓰기를 해 볼까요?

무세다발값이에요.

정답 : 무 세 다발 값이에요.

대

'자동차 한 대 / 비행기 한 대' 등 큰 기계를 셀 때 씁니다.

하늘로 비행기 한 대가 지나가고 있어요.
오늘 하루 동안 열 대도 넘는 비행기가 지나갔어요.

따라서 써 볼까요?

주차장에 백 대도 넘

주차장에 백 대도 넘

는 자동차가 있어요.

는 자동차가 있어요.

아래 칸에 바르게 써 볼까요?

기계가 여러 대 돌아가요.

문장에 맞게 띄어쓰기를 해 볼까요?

소방차한대가지나갔어요.

정답 : 소방차 한 대가 지나갔어요.

바퀴

'한 바퀴 / 두 바퀴' 등 돌아가는 물체가 둥글게 돌아 제자리로 돌아오는 숫자입니다.

처음에는 굴렁쇠를 두 바퀴도 못 돌렸어요.
나중에는 동네 한 바퀴를 한 번도 안 넘어지고 돌았어요.

따라서 써 볼까요?

자전거로 동네를 네

자전거로 동네를 네

바퀴나 돌았어요.

바퀴나 돌았어요.

아래 칸에 바르게 써 볼까요?

팔을 크게 두 바퀴 돌렸어요.

문장에 맞게 띄어쓰기를 해 볼까요?

운동장을두바퀴뛰었어요.

정답 : 운동장을 두 바퀴 뛰었어요.

방울

'물 한 방울 / 석유 한 방울' 등으로 작고 둥근 액체 덩어리를 셀 때 씁니다.

며칠 동안 비 한 방울 내리지 않았어요.
나무들은 물 한 방울이 몹시 그리울 거예요.

따라서 써 볼까요?

석	유	가		한		방	울	도		안
석	유	가		한		방	울	도		안
나	와	요	.							
나	와	요	.							

∨

아래 칸에 바르게 써 볼까요?

물 한 방울이 소중했어요.

문장에 맞게 띄어쓰기를 해 볼까요?

향긋한향수한방울

정답: 향긋한 향수 한 방울

벌

'옷 한 벌 / 젓가락 한 벌' 등으로 짝이 있는 물건을 셀 때 씁니다.

누나 옷은 오십 벌도 넘어요.
아빠와 엄마 옷은 스무 벌도 안 될 거예요.

따라서 써 볼까요?

아	빠		양	복		한		벌	을	
아	빠		양	복		한		벌	을	
샀	어	요	.							
샀	어	요	.							

아래 칸에 바르게 써 볼까요?

식탁에 수저 두 벌이 있어요.

문장에 맞게 띄어쓰기를 해 볼까요?

양복한벌값이얼마야?

정답 : 양복 한 벌 값이 얼마야?

송이

'포도 한 송이 / 장미꽃 열 송이'처럼 꼭지에 달린 열매나 꽃을 셀 때 쓰는 말입니다.

포도밭에서 포도 한 송이를 먹었어요.
맛있어서 백 송이도 더 먹을 수 있을 것 같았어요.

따라서 써 볼까요?

포	도		스	무		송	이	가		열
포	도		스	무		송	이	가		열
렸	어	요	.							
렸	어	요	.							

아래 칸에 바르게 써 볼까요?

장미꽃 열 송이가 피었어요.

문장에 맞게 띄어쓰기를 해 볼까요?

백합한송이를줄게.

정답 : 백합 한 송이를 줄게.

알

'포도 한 알 / 사탕 한 알' 등 작고 동그란 것을 셀 때 씁니다.

사탕 한 알을 입에 넣고 녹여 먹었어요.
사탕 한 알 녹여 먹는 시간이 삼십 분 걸렸어요.

따라서 써 볼까요?

사	탕		세		알	을		입	에	
사	탕		세		알	을		입	에	
넣	었	어	요	.						
넣	었	어	요	.						

아래 칸에 바르게 써 볼까요?

옥수수 스무 알을 먹었어요.

문장에 맞게 띄어쓰기를 해 볼까요?

달걀세알을다먹어?

정답 : 달걀 세 알을 다 먹어?

자루

'낫 두 자루 / 연필 두 자루' 등 길쭉한 물건을 셀 때 씁니다.

할머니 집에는 호미 두 자루가 있어요.
한 자루는 뾰족하고 한 자루는 동그스름해요.

따라서 써 볼까요?

호	미		두		자	루	와		낫	
호	미		두		자	루	와		낫	
한		자	루	가		있	어	요	.	
한		자	루	가		있	어	요	.	

아래 칸에 바르게 써 볼까요?

연필 두 자루를 줄게.

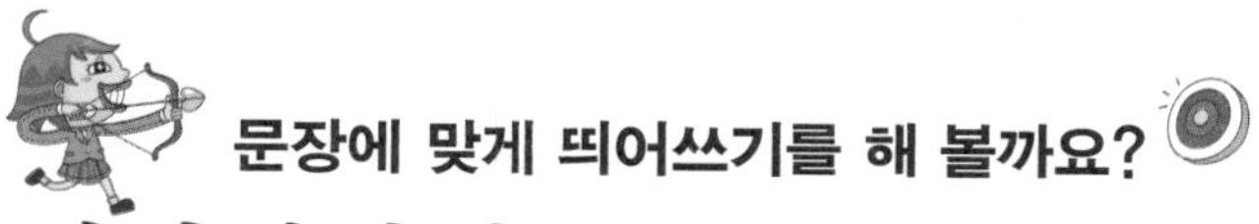

문장에 맞게 띄어쓰기를 해 볼까요?

색연필한자루를다썼어.

정답 : 색연필 한 자루를 다 썼어.

채

'집 한 채 / 가마 두 채 / 이불 한 채' 등으로 집이나 큰 기구를 셀 때 씁니다.

박물관에 갔더니 근사한 가마 한 채가 서 있었어요.
뒤로 돌아가니까 가마가 세 채 더 있었어요.

따라서 써 볼까요?

시	장	에		가	서		이	불		한 ∨
시	장	에		가	서		이	불		한
채	를		샀	어	요	.				
채	를		샀	어	요	.				

아래 칸에 바르게 써 볼까요?

가마 두 채를 보았어요.

문장에 맞게 띄어쓰기를 해 볼까요?

집한채만있어도부자래.

정답 : 집 한 채만 있어도 부자래.

켤레

'운동화 한 켤레 / 구두 두 켤레' 등 신발이나 양말 등을 셀 때 씁니다.

작년에 운동화 한 켤레를 샀어요.
올해 발이 더 커져서 운동화 한 켤레를 새로 샀어요.

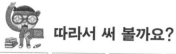

따라서 써 볼까요?

아 빠 는   구 두   두   켤 레

아 빠 는   구 두   두   켤 레

를   번 갈 아   신 어 요 .

를   번 갈 아   신 어 요 .

아래 칸에 바르게 써 볼까요?

운동화 한 켤레를 샀어요.

문장에 맞게 띄어쓰기를 해 볼까요?

양말한켤레를신었어요.

정답 : 양말 한 켤레를 신었어요.

톨

'밥 한 톨 / 쌀 한 톨' 등 낱알을 셀 때 씁니다.

할머니는 밥 한 톨도 남기지 말고 먹어야 된다고 말해요.
쌀 한 톨은 농부들의 땀으로 얻어진 것이라고 하면서요.

따라서 써 볼까요?

도토리 세 톨을 주워 ∨

도토리 세 톨을 주워

동생에게 주었어요.

동생에게 주었어요.

아래 칸에 바르게 써 볼까요?

쌀 한 톨도 귀해요.

문장에 맞게 띄어쓰기를 해 볼까요?

밥한톨남기지말도록!

정답 : 밥 한 톨 남기지 말도록!

포기

'배추 한 포기 / 풀 한 포기' 등 뿌리가 달린 식물을 셀 때 씁니다.

엄마가 김장을 하려고 배추 스무 포기를 샀어요.
옆집에도 주려고 다섯 포기 더 샀다고 해요.

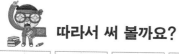

따라서 써 볼까요?

김 장 을 하 려 고 배 추

김 장 을 하 려 고 배 추

스 무 포 기 를 샀 어 요 .

스 무 포 기 를 샀 어 요 .

아래 칸에 바르게 써 볼까요?

풀 한 포기도 소중해요.

문장에 맞게 띄어쓰기를 해 볼까요?

풀한포기자라지않아요.

정답 : 풀 한 포기 자라지 않아요.

낱말
퀴즈
박사 되기

1

내용의 숫자에 맞는 낱말을 써 볼까요?

1. 예쁜 공책 다섯 (   )을 생일 선물로 받았어요.

2. 우리 마당에는 소나무와 감나무 두 (   )가 있어요.

3. 우동 두 (   )을 다 먹으면 배가 불러요.

4. 우리 집에는 두 (   )의 자동차가 있어요.

5. 운동장 열 (   )를 땀을 뻘뻘 흘리며 돌았어요

6. 아빠가 엄마한테 예쁜 옷 한 (   )을 선물했어요.

7. 연필 두 (   )를 깎아서 동생 필통에 넣어 주었어요.

8. 지난달에 운동화 두 (   )를 샀어요.

9. 산에서 밤 세 (   )을 주웠어요.

10. 배추 열 (   )가 엄청 많아요.

정답

1 1. 권 2. 그루 3. 그릇 4. 대 5. 바퀴 6. 벌 7. 자루 8. 켤레 9. 톨 10. 포기

2 1. 그루 2. 그릇 2. 송이 3. 방울 4. 자루

3 1. 송이 2. 포기 3. 방울 4. 바퀴 5. 켤레

2

낱말을 찾아 어린이 시를 완성해 볼까요?

- 방울
- 그릇
- 송이
- 자루
- 그루

제목 : 변비

점심을 먹고 나면 꼭 똥이 마렵다
금방 쌀 것 같아 화장실로 달려가지만
손가락 한 개부터
나무 백 (   )까지 세고
자장면 한 (   )부터
포도 백 (   )까지 세어도
똥은 한 (   )도 안 나온다
에잇! 안 싸! 포기하려고 하면
아냐, 다 됐어! 나를 붙잡는 듯한 똥꼬
다시 휴지 열 장을 뜯어 손에 쥐고
얼룩말 한 마리부터
연필 백(   )까지 세어도
똥은 똥꼬 끝에서 꼼짝 안 한다

3

끝말잇기에 맞는 낱말을 찾아볼까요?

- 포기
- 송이
- 켤레
- 바퀴
- 방울

1. 생방송 ▸▸ (   ) ▸▸ 이발 ▸▸ 발자국
2. 생쥐 ▸▸ 쥐포 ▸▸ (   ) ▸▸ 기억
3. 가방 ▸▸ (   ) ▸▸ 울음소리 ▸▸ 리본
4. 피겨 ▸▸ 겨울잠 ▸▸ 잠바 ▸▸ (   )
5. (   ) ▸▸ 레이저 ▸▸ 저축 ▸▸ 축구

알아 두면 좋은 의태어 · 의성어

의태어는 사물의 모양이나 태도, 움직임을 표현한 낱말이에요.
의성어는 사람이나 사물의 소리를 흉내 내는 낱말이고요.
우리말은 의태어와 의성어가 매우 발달해 있어요. 말을 하거나 글을 쓸 때 의태어와 의성어를 적절하게 사용하면 훨씬 더 재미있고 실감나는 표현을 할 수 있어요.
또한 의태어와 의성어는 반복되는 리듬을 가지고 있어서 재미를 살려 쓸 수 있어요. 특히 어린이 시를 쓸 때 활용하면 훨씬 생동감 넘치고 재미있는 느낌을 살릴 수 있어요.

의태어

기웃기웃

'기웃기웃'은 무엇을 보려고 고개나 몸을 이쪽저쪽으로 조금씩 자꾸 기울이는 모양을 말합니다.

친구는 우리 집을 기웃기웃. 나는 그런 친구를 기웃기웃.

따라서 써 볼까요?

교	실		안	을		기	웃	기	웃	
교	실		안	을		기	웃	기	웃	
들	여	다	보	았	어	요	.			
들	여	다	보	았	어	요	.			

아래 칸에 바르게 써 볼까요?

집 안을 기웃기웃 들여다보아요.

문장에 맞게 띄어쓰기를 해 볼까요?

기웃기웃바라보는아기

정답 : 기웃기웃 바라보는 아기

깡충깡충

'깡충깡충'은 짧은 다리를 모으고 힘 있게 솟구쳐 뛰는 모양을 말합니다.

동생이 깡충깡충 뛰면 강아지도 덩달아 깡충깡충.

따라서 써 볼까요?

동	생	이		마	당	에	서		깡	충
동	생	이		마	당	에	서		깡	충
깡	충		뛰	었	어	요	.			
깡	충		뛰	었	어	요	.			

아래 칸에 바르게 써 볼까요?

캥거루가 깡충깡충 뛰었어요.

문장에 맞게 띄어쓰기를 해 볼까요?

흰토끼가깡충깡충

정답 : 흰 토끼가 깡충깡충

노릇노릇

'노릇노릇'은 무언가가 노랗게 익어 가는 모양을 말합니다.

동태전은 노릇노릇 익히고 고구마는 노릇노릇 튀기고.

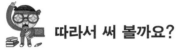

따라서 써 볼까요?

빈 대 떡 이 노 릇 노 릇 맛

빈 대 떡 이 노 릇 노 릇 맛

있 게 익 어 가 요 .

있 게 익 어 가 요 .

아래 칸에 바르게 써 볼까요?

곡식이 노릇노릇 익어 가요.

문장에 맞게 띄어쓰기를 해 볼까요?

노릇노릇익은고구마튀김

정답 : 노릇노릇 익은 고구마튀김

데굴데굴

'데굴데굴'은 무언가가 계속 구르는 모양을 말합니다.

바위 위를 데굴데굴 구르는 원숭이
데굴데굴 구르기가 특기인 원숭이.

따라서 써 볼까요?

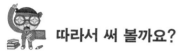

축	구	공	이		데	굴	데	굴		굴
축	구	공	이		데	굴	데	굴		굴
러	서		물	에		빠	졌	어	요	.
러	서		물	에		빠	졌	어	요	.

아래 칸에 바르게 써 볼까요?

야구공이 데굴데굴 굴러가요.

문장에 맞게 띄어쓰기를 해 볼까요?

굴렁쇠가데굴데굴

정답 : 굴렁쇠가 데굴데굴

둥실둥실

'둥실둥실'은 무언가가 공중이나 물 위에 가볍게 떠서 움직이는 모양을 나타내는 말입니다.

둥실둥실 하늘을 떠다니는 빨간 풍선. 둥실둥실 날아서 어디까지 갈까?

따라서 써 볼까요?

냇	물	로		종	이	배	가		둥	실
냇	물	로		종	이	배	가		둥	실
둥	실		떠		가	요	.			
둥	실		떠		가	요	.			

아래 칸에 바르게 써 볼까요?

구름이 둥실둥실 떠 가요.

문장에 맞게 띄어쓰기를 해 볼까요?

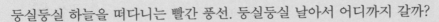

둥실둥실뜬뭉게구름

정답 : 둥실둥실 뜬 뭉게구름

말랑말랑

'말랑말랑'은 야들야들하고 보드라운 느낌을 나타내는 말입니다.

입에 넣으면 말랑말랑한 호박엿
내 마음도 말랑말랑해지는 호박엿.

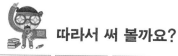

따라서 써 볼까요?

엿 을 녹 여 서 말 랑 말 랑

엿 을 녹 여 서 말 랑 말 랑

하 게 만 들 었 어 요 .

하 게 만 들 었 어 요 .

아래 칸에 바르게 써 볼까요?

빵이 말랑말랑하게 구워졌어요.

문장에 맞게 띄어쓰기를 해 볼까요?

말랑말랑한젤리

정답 : 말랑말랑한 젤리

번쩍번쩍

'번쩍번쩍'은 빛이 잠깐 나타났다가 사라지는 모양을 나타내는 말입니다.

번쩍번쩍 바다를 가르는 번개
등댓불도 질세라 번쩍번쩍.

따라서 써 볼까요?

갑자기 번쩍번쩍 천둥 ∨

갑자기 번쩍번쩍 천둥

번개가 쳤어요.

번개가 쳤어요.

아래 칸에 바르게 써 볼까요?

번개가 번쩍번쩍 터져요.

문장에 맞게 띄어쓰기를 해 볼까요?

등댓불이밤새도록번쩍번쩍

정답 : 등댓불이 밤새도록 번쩍번쩍

보슬보슬

'보슬보슬'은 눈이나 비가 조용히 내리는 모양을 나타냅니다.
덩이진 가루가 엉기지 못하고 바스러지기 쉬운 모양을 나타내기도 합니다.

쉬지 않고 보슬보슬 내리는 흰 눈. 보슬보슬 내린 흰 눈이 세상의 이불이 된다.

따라서 써 볼까요?

가 을 비 가 하 루 종 일

가 을 비 가 하 루 종 일

보 슬 보 슬 내 려 요 .

보 슬 보 슬 내 려 요 .

아래 칸에 바르게 써 볼까요?

벽의 흙이 보슬보슬 떨어져요.

문장에 맞게 띄어쓰기를 해 볼까요?

하얀떡가루가보슬보슬

정답 : 하얀 떡가루가 보슬보슬

아장아장

'아장아장'은 키가 작은 사람이나 짐승이 이리저리 찬찬히 걷는 모양을 말합니다.

아장아장 걷는 귀여운 내 동생
나도 아기 때 아장아장 걸었을까?

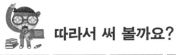

따라서 써 볼까요?

돌을 지낸 동생이 아장아장 걸어요.

아래 칸에 바르게 써 볼까요?

아기 곰이 아장아장 걸어요.

문장에 맞게 띄어쓰기를 해 볼까요?

새끼오리가아장아장

정답 : 새끼 오리가 아장아장

오물오물

'오물오물'은 입에 든 음식을 오물거리며 씹는 모양을 말합니다.

할머니는 이가 없어서 오물오물, 갓난아기 내 동생도 이가 없어서 오물오물.

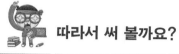

따라서 써 볼까요?

아 기 가 오 물 오 물 사 과

아 기 가 오 물 오 물 사 과

를 먹 어 요 .

를 먹 어 요 .

아래 칸에 바르게 써 볼까요?

오물오물 냠냠 맛있게 밥을 먹어요.

문장에 맞게 띄어쓰기를 해 볼까요?

염소는오물오물풀을씹고

정답 : 염소는 오물오물 풀을 씹고

울퉁불퉁

'울퉁불퉁'은 면이 고르지 않은 모양을 말합니다.

울퉁불퉁한 돌길에서 넘어졌어요.
이마에 울퉁불퉁 혹이 돋았어요.

따라서 써 볼까요?

자동차가 울퉁불퉁한

자동차가 울퉁불퉁한

산길을 달려요.

산길을 달려요.

아래 칸에 바르게 써 볼까요?

울퉁불퉁 솟은 바위

문장에 맞게 띄어쓰기를 해 볼까요?

울퉁불퉁한호두껍데기

정답 : 울퉁불퉁한 호두 껍데기

주렁주렁

'주렁주렁'은 열매, 물건이 많이 달려 있거나,
사람이 많이 딸려 있는 모양을 말합니다.

주렁주렁 열린 포도. 주렁주렁 포도송이마다 햇살이 입 맞춰요.

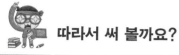

따라서 써 볼까요?

탐 스 러 운 포 도 가 주 렁

탐 스 러 운 포 도 가 주 렁

주 렁 달 렸 어 요 .

주 렁 달 렸 어 요 .

아래 칸에 바르게 써 볼까요?

목걸이를 주렁주렁 걸었어요.

문장에 맞게 띄어쓰기를 해 볼까요?

파란포도송이가주렁주렁

정답 : 파란 포도송이가 주렁주렁

쪼르르

'쪼르르'는 물줄기가 빠르게 흐르거나 발걸음을 빠르게 움직이는 모양을 말합니다.

동생이 할머니를 보고 쪼르르 달리면
강아지도 동생을 따라 쪼르르.

따라서 써 볼까요?

아	기	가		엄	마	한	테		쪼	르
아	기	가		엄	마	한	테		쪼	르
르		달	려	갔	어	요	.			
르		달	려	갔	어	요	.			

아래 칸에 바르게 써 볼까요?

빗물이 쪼르르 흘러내려요.

문장에 맞게 띄어쓰기를 해 볼까요?

미끄럼틀타고쪼르르

정답 : 미끄럼틀 타고 쪼르르

터벅터벅

'터벅터벅'은 무거운 발걸음으로 느릿느릿 힘없이 걸어가는 모양을 말합니다.

친구와 싸운 날 내 발걸음은 터벅터벅
힘없이 터벅터벅 걸어가요.

따라서 써 볼까요?

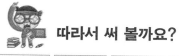

비	를		맞	으	며		터	벅	터	벅	∨
비	를		맞	으	며		터	벅	터	벅	
걸	었	어	요	.							
걸	었	어	요	.							

아래 칸에 바르게 써 볼까요?

길을 터벅터벅 걸었어요.

문장에 맞게 띄어쓰기를 해 볼까요?

터벅터벅쉬지않고걸어요.

정답 : 터벅터벅 쉬지 않고 걸어요.

팔딱팔딱

'팔딱팔딱'은 탄력 있게 뛰는 모양이나, 화가 나서 참지 못하고 팔팔 뛰는 모양을 말합니다.

팔딱팔딱 뛰다 망가뜨린 동생 장난감
울면서 더 팔딱팔딱 뛰는 내 동생.

따라서 써 볼까요?

연 못 에 　 팔 딱 팔 딱 　 뛰 는 ∨

연 못 에 　 팔 딱 팔 딱 　 뛰 는

개 구 리 가 　 많 아 요 .

개 구 리 가 　 많 아 요 .

아래 칸에 바르게 써 볼까요?

팔딱팔딱 뛰며 화를 내요.

문장에 맞게 띄어쓰기를 해 볼까요?

강물에고기떼가팔딱팔딱

정답 : 강물에 고기떼가 팔딱팔딱

헐레벌떡

'헐레벌떡'은 숨을 잇따라서 가쁘고 거칠게 몰아쉬는 모양을 말합니다.

엄마를 본 동생이 헐레벌떡 뛰다 넘어지면
우리 엄마는 더 헐레벌떡 동생한테로 뛰어온다.

따라서 써 볼까요?

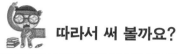

동	생	은		집	으	로		헐	레	벌
동	생	은		집	으	로		헐	레	벌
떡		뛰	어	갔	어	요	.			
떡		뛰	어	갔	어	요	.			

아래 칸에 바르게 써 볼까요?

헐레벌떡 뛰어서 차를 탔어요.

문장에 맞게 띄어쓰기를 해 볼까요?

헐레벌떡달려오는강아지

정답 : 헐레벌떡 달려오는 강아지

낱말 퀴즈 박사 되기

1

맞는 낱말 끼리 줄을 이어 줄까요?

1. 토끼가 앞산을 향해	• 헐레벌떡
2. 불 위에서 호박전이	• 데굴데굴
3. 축구공이 언덕 밑으로	• 번쩍번쩍
4. 비가 오면서 번개가	• 아장아장
5. 아기가 엄마를 향해	• 깡충깡충
6. 과일이 나뭇가지에	• 보슬보슬
7. 개구리가 연못으로	• 터벅터벅
8. 이슬비가 소리없이	• 노릇노릇
9. 아빠가 힘없는 걸음으로	• 주렁주렁
10. 동생이 화장실로	• 팔딱팔딱

1 1. 깡충깡충 2. 노릇노릇 3. 데굴데굴 4. 번쩍번쩍 5. 아장아장 6. 주렁주렁 7. 팔딱팔딱 8. 보슬보슬 9. 터벅터벅 10.헐레벌떡

2 1. 쪼르르 2. 데굴데굴 3. 말랑말랑 4. 보슬보슬 5. 둥실둥실

3 1. 깡충깡충 2. 데굴데굴 3. 아장아장 4. 오물오물 5. 울퉁불퉁

2

낱말을 찾아 어린이 시를 완성해 볼까요?

- 둥실둥실
- 보슬보슬
- 데굴데굴
- 쪼르르
- 말랑말랑

제목 : 전학 간 여자 친구

누군가 내 뒤를 (　　　) 쫓아오면
“수미구나!” 얼른 돌아보고
(　　　) 굴러오는 축구공을 보면
“수미야, 받아!” 다리가 먼저 달려가고
(　　　)한 젤리를 보면
“수미야, 너 좋아하는 젤리야!”
내 손이 먼저 내밀어지고
(　　　) 비가 내리면
“수미야, 나랑 우산 같이 쓰자.”
내 눈이 먼저 웃고
(　　　) 떠가는 뭉게구름을 보면
“수미야, 너도 저 구름이 보이니?”
내 마음이 묻는다

3

끝말잇기에 맞는 낱말을 찾아볼까요?

- 아장아장
- 오물오물
- 울퉁불퉁
- 데굴데굴
- 깡충깡충

1. (　　　) ▸▸ 충성 ▸▸ 성공 ▸▸ 공기
2. 가운데 ▸▸ (　　　) ▸▸ 굴뚝 ▸▸ 뚝배기
3. 동시 ▸▸ 시루떡 ▸▸ 떡방아 ▸▸ (　　　)
4. 꽃신 ▸▸ 신라 ▸▸ 라디오 ▸▸ (　　　)
5. 거울 ▸▸ (　　　) ▸▸ 통소 ▸▸ 소식

의성어

개굴개굴

'개굴개굴'은 개구리가 우는 소리입니다.

밤마다 개굴개굴 우는 개구리
개굴개굴 울다 목이 쉬겠네.

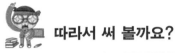

따라서 써 볼까요?

여름밤이 되면 개구리

여름밤이 되면 개구리

가 개굴개굴 울어요.

가 개굴개굴 울어요.

아래 칸에 바르게 써 볼까요?

밤마다 개굴개굴 우는 개구리

문장에 맞게 띄어쓰기를 해 볼까요?

개굴개굴울다목쉬겠네.

정답 : 개굴개굴 울다 목쉬겠네.

꾀꼴꾀꼴

'꾀꼴꾀꼴'은 꾀꼬리가 잇따라 우는 소리입니다.

꾀꼴꾀꼴 꾀꼬리가 앞산에서 울면
꾀꼴꾀꼴 뒷산에서도 꾀꼬리가 울고.

따라서 써 볼까요?

여	름	이	면		꾀	꼴	꾀	꼴		꾀
여	름	이	면		꾀	꼴	꾀	꼴		꾀
꼬	리	가		찾	아	와	요	.		
꼬	리	가		찾	아	와	요	.		

아래 칸에 바르게 써 볼까요?

꾀꼴꾀꼴 꾀꼬리 노랫소리

문장에 맞게 띄어쓰기를 해 볼까요?

꾀꼴꾀꼴여름이왔어요.

정답 : 꾀꼴꾀꼴 여름이 왔어요.

달그락달그락

'달그락달그락'은 작고 단단한 물건이 부딪쳐 흔들리면서 맞닿는 소리입니다.

주머니 속에서 달그락달그락 구슬 다섯 개
뗄 때마다 달그락달그락 박자 맞춰요.

따라서 써 볼까요?

가	방		안	에	서		달	그	락	달
가	방		안	에	서		달	그	락	달
그	락		소	리	가		나	요	.	
그	락		소	리	가		나	요	.	

아래 칸에 바르게 써 볼까요?

바닷가의 돌들이 달그락달그락

문장에 맞게 띄어쓰기를 해 볼까요?

유리구슬이달그락달그락

정답 : 유리구슬이 달그락달그락

덜커덩덜커덩

'덜커덩덜커덩'은 크고 단단한 물건이 부딪쳐 울리는 소리입니다.

기차가 덜커덩덜커덩 합창을 하고
버스도 덜커덩덜커덩 합창을 한다.

따라서 써 볼까요?

덜 커 덩 덜 커 덩   철 로 를

덜 커 덩 덜 커 덩   철 로 를

달 리 는   기 차   소 리

달 리 는   기 차   소 리

아래 칸에 바르게 써 볼까요?

버스가 덜커덩덜커덩 달려요.

문장에 맞게 띄어쓰기를 해 볼까요?

덜커덩덜커덩흔들리는창문

정답 : 덜커덩덜커덩 흔들리는 창문

드르렁드르렁

'드르렁드르렁'은 아주 요란하게 코를 고는 소리입니다.
'쿨쿨', '쌔근쌔근'처럼 그보다 약한 표현도 있습니다.

드르렁드르렁 아빠가 코 고는 소리
우리 가족은 드르렁드르렁 소리 들으며 꿈나라로 간다.

따라서 써 볼까요?

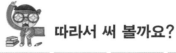

아	빠	가		드	르	렁	드	르	렁	
아	빠	가		드	르	렁	드	르	렁	
코	를		골	아	요	.				
코	를		골	아	요	.				

아래 칸에 바르게 써 볼까요?

드르렁드르렁 강아지 코 고는 소리

문장에 맞게 띄어쓰기를 해 볼까요?

아빠가코를드르렁드르렁

정답 : 아빠가 코를 드르렁드르렁

똑딱똑딱

'똑딱똑딱'은 시곗바늘이 움직이거나
단단한 물건을 가볍게 두드릴 때 내는 소리입니다.

똑딱똑딱 온종일 울리는 시계 소리
밤이면 혼자 놀기 심심해 더 커지는 소리 똑딱똑딱.

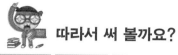

따라서 써 볼까요?

똑딱똑딱 시계 소리가 ∨
쉬지 않고 들려요.

아래 칸에 바르게 써 볼까요?

망치로 똑딱똑딱 못을 박아요.

문장에 맞게 띄어쓰기를 해 볼까요?

시계는쉬지않고똑딱똑딱

정답 : 시계는 쉬지 않고 똑딱똑딱

부스럭부스럭

'부스럭부스럭'은 마른 잎이나 종이 따위를 밟거나 건드릴 때 나는 소리입니다.

밟을 때마다 부스럭부스럭
낙엽이 부스럭부스럭 합창을 한다.

따라서 써 볼까요?

동 생 이   부 스 럭 부 스 럭

동 생 이   부 스 럭 부 스 럭

가 방 을   뒤 졌 어 요 .

가 방 을   뒤 졌 어 요 .

아래 칸에 바르게 써 볼까요?

방에서 부스럭부스럭 소리가 나요.

문장에 맞게 띄어쓰기를 해 볼까요?

부스럭부스럭대는낙엽

정답 : 부스럭부스럭대는 낙엽

사각사각

'사각사각'은 무언가를 밟거나 종이 위에 글씨를 쓰는 소리입니다.
또한 벼, 보리 등을 잇따라 벨 때 나는 소리이기도 합니다.

쌓인 눈을 밟으면 사각사각 신나는 소리.
사각사각 소리 내며 나랑 놀아 주는 흰 눈 소리.

따라서 써 볼까요?

사 각 사 각 소 리 내 며

사 각 사 각 소 리 내 며

싸 락 눈 이 내 려 요 .

싸 락 눈 이 내 려 요 .

아래 칸에 바르게 써 볼까요?

눈을 밟으면 사각사각 소리가 나요.

문장에 맞게 띄어쓰기를 해 볼까요?

사각사각연필소리

정답 : 사각사각 연필 소리

아삭아삭

'아삭아삭'은 연하고 싱싱한 과일이나 채소를 베어 먹는 소리입니다.

사과를 아삭아삭
오이도 아삭아삭.

따라서 써 볼까요?

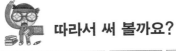

동생이 사과를 아삭아
동생이 사과를 아삭아

삭 씹어 먹어요.
삭 씹어 먹어요.

아래 칸에 바르게 써 볼까요?

아삭아삭 씹히는 오이 맛

문장에 맞게 띄어쓰기를 해 볼까요?

아삭아삭한우리집김치

정답 : 아삭아삭한 우리 집 김치

우당탕

'우당탕'은 무언가가 떨어지거나 부딪치면서 요란하게 나는 소리입니다.

의자에서 뛰다 우당탕 넘어진 동생
동생보다 더 우당탕 요란하게 넘어지는 의자.

따라서 써 볼까요?

자	전	거	가		갑	자	기		우	당
자	전	거	가		갑	자	기		우	당
탕		넘	어	졌	어	요	.			
탕		넘	어	졌	어	요	.			

아래 칸에 바르게 써 볼까요?

아이들이 우당탕 뛰어갔어요.

문장에 맞게 띄어쓰기를 해 볼까요?

우당탕요란하게뛰는동생

정답 : 우당탕 요란하게 뛰는 동생

꼬르륵

'꼬르륵'은 배가 고플 때 배에서 나는 소리입니다.
좁은 구멍으로 액체가 빠져나갈 때도 이런 소리가 납니다.

친구 배에서 꼬르륵 소리가 들리면
내 배에서도 꼬르륵 대답을 한다.

따라서 써 볼까요?

배	가		고	프	니	까		배	에	서	∨
배	가		고	프	니	까		배	에	서	
꼬	르	륵		소	리	가		나	요	.	
꼬	르	륵		소	리	가		나	요	.	

아래 칸에 바르게 써 볼까요?

꼬르륵 소리를 내며 흐르는 물

문장에 맞게 띄어쓰기를 해 볼까요?

꼬르륵물들어가는소리

정답 : 꼬르륵 물 들어가는 소리

쨍그랑

'쨍그랑'은 쇠붙이나 유리 같은 것이 떨어지거나 부딪치며 맑게 울리는 소리입니다.

처마 끝에 매달린 쇠로 만든 풍경 하나.
실바람에도 쨍그랑 손만 스쳐도 쨍그랑.

따라서 써 볼까요?

유리잔이 쨍그랑 소리

유리잔이 쨍그랑 소리

를 내며 깨졌어요.

를 내며 깨졌어요.

아래 칸에 바르게 써 볼까요?

수저가 쨍그랑 하고 떨어졌어요.

문장에 맞게 띄어쓰기를 해 볼까요?

풍경소리가쨍그랑쨍그랑

정답 : 풍경 소리가 쨍그랑쨍그랑

첨벙첨벙

'첨벙첨벙'은 큰 물체가 물에 부딪치거나,
물속을 걷거나 물장구를 칠 때 나는 소리입니다.

냇물로 첨벙첨벙 들어가면 놀란 물고기들도 첨벙첨벙 달아난다.

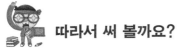

따라서 써 볼까요?

옷을 벗고 첨벙첨벙

옷을 벗고 첨벙첨벙

물속으로 들어가요.

물속으로 들어가요.

아래 칸에 바르게 써 볼까요?

강물로 첨벙첨벙 뛰어들어요.

문장에 맞게 띄어쓰기를 해 볼까요?

첨벙첨벙물장구소리

정답 : 첨벙첨벙 물장구 소리

콜록콜록

'콜록콜록'은 감기에 걸렸을 때 나오는 기침 소리입니다.

감기에 걸린 동생 콜록콜록 기침하며 잠이 들고
콜록콜록 기침하며 잠이 깬다.

따라서 써 볼까요?

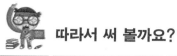

콜	록	콜	록		기	침	을		했	더
콜	록	콜	록		기	침	을		했	더
니		목	이		아	파	요	.		
니		목	이		아	파	요	.		

아래 칸에 바르게 써 볼까요?

아기가 콜록콜록 기침을 해요.

문장에 맞게 띄어쓰기를 해 볼까요?

밤새콜록콜록기침소리

정답 : 밤새 콜록콜록 기침 소리

낱말 퀴즈 박사 되기

1

맞는 낱말 끼리 줄을 이어 줄까요?

1. 주머니 속의 구슬이	• 똑딱똑딱
2. 마루의 시계 소리가	• 달그락달그락
3. 기차가 다리 위를	• 꼬르륵
4. 여름이 되면 꾀꼬리가	• 아삭아삭
5. 싱싱한 사과가	• 드르렁드르렁
6. 내 동생이 유리컵을	• 콜록콜록
7. 바닷물로 들어가	• 쨍그랑
8. 감기 걸린 내 동생이	• 덜커덩덜커덩
9. 잠든 우리 아빠가	• 꾀꼴꾀꼴
10. 배가 고프니까 배 속에서	• 첨벙첨벙

정답

1 1. 달그락달그락 2. 똑딱똑딱 3. 덜커덩덜커덩 4. 꾀꼴꾀꼴 5. 아삭아삭 6. 쨍그랑 7. 첨벙첨벙 8. 콜록콜록
9 .드르렁드르렁 10. 꼬르륵

2 1. 콜록콜록 2. 달그락달그락 3. 쨍그랑 4. 우당탕 5. 개굴개굴

3 1. 개굴개굴 2. 똑딱똑딱 3. 사각사각 4. 우당탕 5. 첨벙첨벙

2

낱말을 찾아 어린이 시를 완성해 볼까요?

- 쨍그랑
- 개굴개굴
- 우당탕
- 콜록콜록
- 달그락달그락

제목 : 엄마가 감기에 걸린 날

(　　　　)

엄마가 감기에 걸리셨다.

(　　　　)

설거지를 했다.

(　　　　)

접시 하나 깨뜨리고

(　　　　)

상도 엎고 말았다.

(　　　　)

나는 청개구리인가 보다.

3

끝말잇기에 맞는 낱말을 찾아볼까요?

- 개굴개굴
- 우당탕
- 뚝딱뚝딱
- 첨벙첨벙
- 사각사각

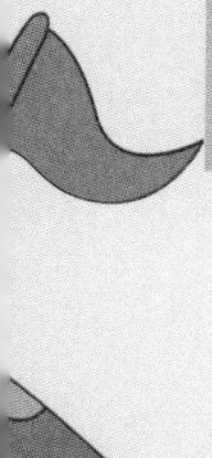

1. 고집 ▸▸ 집안 ▸▸ 안개 ▸▸ (　　　　)
2. (　　　　) ▸▸ 딱지 ▸▸ 지느러미 ▸▸ 미국
3. 생선회 ▸▸ 회의 ▸▸ 의사 ▸▸ (　　　　)
4. 한우 ▸▸ (　　　　) ▸▸ 탕수육 ▸▸ 육개장
5. (　　　　) ▸▸ 벙거지 ▸▸ 지구 ▸▸ 구멍

알아 두면 좋은 의태어 더 보기

- **고래고래:** 집이 떠나가도록 고래고래 악을 썼어요.
  고래고래 아우성을 쳤어요.
- **길쭉길쭉:** 무를 길쭉길쭉하게 썰어서 말렸어요.
  보리 싹은 가늘고 길쭉길쭉해요.
- **꼬깃꼬깃:** 종이를 꼬깃꼬깃 접어 휴지통에 넣었어요.
  꼬깃꼬깃 접힌 돈을 건넸어요.
- **꿈틀꿈틀:** 지렁이가 꿈틀꿈틀 기어가고 있어요.
  형이 근육을 꿈틀꿈틀 움직였어요.
- **도담도담:** 형제가 도담도담하게 잘도 생겼어요.
  병이나 탈 없이 도담도담 잘 자랐어요.
- **뒤뚱뒤뚱:** 아기가 엄마에게 뒤뚱뒤뚱 걸어갔어요.
  친구가 뒤뚱뒤뚱 오리걸음을 걸었어요.
- **또박또박:** 또박또박 글씨를 예쁘게 썼어요.
  우리 아빠는 또박또박 세금을 잘 내요.
- **만지작만지작:** 장난감을 만지작만지작거리며 놀았어요.
  조약돌을 만지작만지작 주물러요.
- **말똥말똥:** 눈을 말똥말똥 뜨고 누워 있어요.
  대꾸를 하지 않고 말똥말똥 보기만 했어요.
- **모락모락:** 굴뚝에서 연기가 모락모락 피어올라요.
  김이 모락모락 오르는 국 대접을 받았어요.
- **몽실몽실:** 계곡에서 몽실몽실 구름이 피어올라요.
  아기가 몽실몽실 살이 쪘어요.
- **보송보송:** 땀방울이 보송보송 맺혔어요.
  보송보송한 수건은 감촉이 좋아요.

알아 두면 좋은 의성어 더 보기

- **깔깔:** 아이들이 깔깔대며 웃고 있어요.
  깔깔대며 웃다가 눈물이 났어요.
- **두런두런:** 밖에서 두런두런 이야기 소리가 들려요.
  어른들이 두런두런 이야기를 나눠요.
- **둥둥:** 큰 북에서 둥둥 큰 소리가 나요.
  북을 둥둥 울리며 동네를 돌았어요.
- **뚱땅뚱땅:** 뚱땅뚱땅 장구 소리가 들렸어요.
  뚱땅뚱땅 못 박는 소리가 계속 들렸어요.
- **부릉부릉:** 자동차 소리가 부릉부릉 들려요.
  부릉부릉 자동차 달리는 소리가 요란해요.
- **뽀드득뽀드득:** 뽀드득뽀드득 눈 밟는 소리.
  동생은 자면서 뽀드득뽀드득 이를 갈아요.
- **야옹야옹:** 바깥에서 길고양이가 야옹야옹 울어요.
  춥고 배고파서 야옹야옹 우나 봐요.
- **와작와작:** 사과를 와작와작 씹어 먹었어요.
  공사를 하느라 문을 와작와작 부수었어요.
- **응애응애:** 아기가 밤새 응애응애 울어요.
  응애응애 아기가 울면 엄마는 벌떡 일어나요.
- **쩌렁쩌렁:** 만세 소리가 쩌렁쩌렁 온 세상으로 퍼졌어요.
  기합 소리가 쩌렁쩌렁 울렸어요.
- **쿵쾅쿵쾅:** 동생이 계단을 쿵쾅쿵쾅 뛰어 올라가요.
  쿵쾅쿵쾅 소리내며 뛰면 재미있나 봐요.
- **철썩철썩:** 철썩철썩 파도치는 소리가 들려와요.
  친구가 철썩철썩 내 등을 쳤어요.

생각디딤돌 창작교실 엮음
생각디딤돌 창작교실은 소설가, 동화작가, 시인, 수필가, 역사학자, 교수, 교사 들이 참여하는 창작 공간입니다.
주로 국내 창작 위주의 책을 기획하며 우리나라 어린이들이 외국의 정서에 앞서 우리 고유의 정서를 먼저 배우고 익히기를 소원하는 작가들의 모임입니다.

문학나무편집위원회 감수
소설가 윤후명 선생님을 비롯한 많은 소설가, 시인, 평론가 등이 활동하며 문예지 〈문학나무〉를 발간하고 있습니다.

동리문학원 감수
소설가 황충상 원장님이 이끌어가는 창작 교실로 우리나라의 많은 문학 작가들의 활동 무대입니다.

마법의 맞춤법 띄어쓰기
4 숫자 낱말과 의태어·의성어 완전 정복

초판 1쇄 발행 / 2021년 08월 05일
초판 1쇄 인쇄 / 2021년 08월 10일

엮은이 —— 생각디딤돌 창작교실
감　수 —— 문학나무편집위원회, 동리문학원
펴낸이 —— 이영애
펴낸곳 —— 도서출판 생각디딤돌
출판등록 2009년 3월 23일 제135-95-11702
전화 070-7690-2292 팩스 02-6280-2292

ISBN 978-89-93930-61-0(64710)
978-89-93930-52-8(세트)